Inhalt

Internet-Geschäftsmodelle - Woran verdienen die Giganten des Internet?

Kernthesen

Beitrag

Fallbeispiele

Weiterführende Literatur

Impressum

GENIOS WirtschaftsWissen Nr. 07/2005 vom 20.07.2005

Internet-Geschäftsmodelle - Woran verdienen die Giganten des Internet?

M. Westphal

Kernthesen

- Das Internet ist in den letzten zehn Jahren zu einem festen Bestandteil des Lebens geworden.
- Google verdient bisher nahezu ausschließlich am Internet-Anzeigengeschäft durch Sponsored Links, möchte sein Geschäftsmodell aber deutlich ausweiten.
- Ebay erwirtschaftet einen Großteil seines Umsatzes inzwischen auch aus den

- Einnahmen seines Internet-Bezahlsystems.
  - Yahoo entwickelt sich zu einem integrierten Medienkonzern.
  - Ebay, Google und Yahoo sehen sich auch zukünftigen Risiken gegenüber.

Beitrag

Das Internet ist in den letzten zehn Jahren erwachsen geworden. Die großen Unternehmen des Internet sind hervorragend geführte Unternehmen mit klaren Geschäftsstrategien.

Das Internet ist in den letzten zehn Jahren zu einem festen Bestandteil des Lebens geworden

Die Menschheit arbeitet nun seit etwa zehn Jahren im großen Stil im Internet. Ebenso lange ist es her, dass das Unternehmen Ebay gegründet wurde. Inzwischen ist das Internet zu einem festen Bestandteil des Lebens geworden und die Marktkapitalisierung der drei Giganten Yahoo, Ebay und Google beträgt zusammen etwa 180 Milliarden US-Dollar. So ist alleine Google mit einer Marktkapitalisierung von 80 Milliarden US-Dollar

heute teurer als Boeing, General Motors und Kodak zusammen. Der Wert der Aktien des Suchmaschinenbetreibers hat sich seit August 2004 mehr als verdreieinhalbfacht und die Analysten erhöhen ihre Gewinnprognosen und Kursziele weiterhin.
Alle drei Internet-Giganten sind hervorragend geführte, wachstumsstarke und hoch profitable Unternehmen. (3)

Die beiden großen Trends der Internetnutzung sind
- Informationskanal und
- Handelskanal.
Und genau in diesen Bereichen haben sich Ebay, Google und Yahoo positioniert. (3)
Aber was machen sie wirklich und wie sehen ihre Perspektiven aus?

Bisher haben die Unternehmen ihre Potenziale aber nur an der Oberfläche angekratzt. So wird derzeit nur 2,1 Prozent des Detailhandels in den USA über das Internet abgewickelt. Allerdings wächst der Detailhandel im Internet mit 20 Prozent jährlich derzeit dreimal so schnell wie der traditionelle Detailhandel. (3)

Google verdient bisher nahezu

ausschließlich am Internet-Anzeigengeschäft durch Sponsored Links, möchte sein Geschäftsmodell aber deutlich ausweiten

In den Labors von Google wird am Internet von morgen gearbeitet. Hierzu gehören eine Software, die das Surfen im Internet beschleunigt, kostenloser E-Mail-Service, Fotoverwaltung und lokaler Suchdienst. (1)
Der Blick hinter die Kulissen von Google beweist, dass Google nicht nur daran arbeitet, die Suchmaschine zu perfektionieren, sondern sein Geschäft massiv zu erweitern. Damit streben sie auch an, sich vom Werbemarkt unabhängiger zu machen. (1)

Mitte Juni kündigte Google an, ein Internet-Bezahlsystem ins Netz zu bringen. Aus Sicht der Analysten eröffnet dieser Zug ganz neue Einnahmequellen, weshalb für die Analysten auch klar ist, dass Google an den Börsen weiter kräftig wachsen wird. (1)
Die sogenannte "Google Wallet" soll noch vor dem kommenden Weihnachtsgeschäft aktiv werden. Internet-Käufer können über dieses System dann

ähnlich wie über das Ebay-Bezahlsystem PayPal ihre Waren bezahlen. (1)
Der Vorteil besteht darin, dass der Kunde seine Kreditkarten- oder Kontonummern nicht mehr bei jedem Shop einzeln hinterlegen muss. Jetzt wird nur eine einmalige Eingabe bei einem dieser Internet-Bezahlsysteme benötigt. Der Anbieter eines solchen Dienstes bekommt vom Verkäufer eine Provision. (1)
Bisher gibt es mit PayPal erst einen großen weltweiten Anbieter von Internet-Bezahlsystemen. Daher beurteilen Analysten die Erfolgsaussichten für Google Wallet als groß.
Man möchte bei Google durch die Einführung des Bezahlsystems unabhängiger von den Werbeeinnahmen werden. Es steht nicht im Fokus der Geschäftsstrategie, Ebays PayPal direkt zu konkurrieren. (2)

Der bisherige Zweck des neuen Google-Produktes Froogle lag einzig in der Vergrößerung der Werbefläche, da Google seine Gewinne nahezu ausschließlich im Anzeigengeschäft erzielt. Froogle bietet nach Eingabe eines Suchwortes sofort Preise und Links zu entsprechenden Internethändlern, wodurch sich weitere Einnahmequellen für Google eröffnen. (1)
Hier macht ein eigenes Bezahlsystem natürlich Sinn und eröffnet ein gewaltiges Potenzial.
Um aber die Werbeflächen zu erweitern und damit

dem wachsenden Bedarf anzupassen, arbeitet Google neben Froogle bereits an weiteren Plattformen. So soll in Deutschland noch in diesem Jahr "Google lokal" starten. Wie der Name schon sagt, handelt es sich hierbei um eine regionale Suchmaschine. Die Eingabe eines Suchbegriffs in Verbindung mit einer Postleitzahl zeigt im Ergebnis alle Anbieter oder Leistungen, die dem Suchbegriff im näheren Umkreis der Postleitzahl entsprechen. Derzeit arbeitet Google an einem entsprechenden Routenplaner. (1)
Am wachsenden Web-Werbemarkt profitiert kein zweites Unternehmen so stark wie Google.
Inzwischen nutzen etwa 75 Prozent der Internet-Nutzer die Google-Suchmaschine. So hat es das Wort Google inzwischen auch in den Duden geschafft. (1)

Direkt neben den Suchergebnissen tauchen die Sponsored Links auf, die thematisch zu den gesuchten Themen passen. Sofern der Internet-Nutzer eine Werbung anklickt, verdient Google Geld, im Schnitt etwa 1,75 US-Dollar je Klick. Allerdings steigen diese Preise rasant an. Die Preise werden über eine Auktion ermittelt, so steht dann der Meistbietende ganz oben an der ersten Stelle. So zahlen die Werbetreibenden in den USA bei besonders beliebten Stichwörtern bereits 30 US-Dollar und mehr. Und die Nachfrage nach Suchmaschinen-Sponsoring wächst und wächst, wenn man den Analysten glauben darf. Es werden jährliche

Zuwachsraten von 30 Prozent und mehr erwartet. So verbringen die Mediennutzer in den USA bereits 30 Prozent ihrer Zeit im Internet. Allerdings betragen die anteiligen Werbeausgaben nur etwa vier Prozent des Budgets, so dass zu erwarten ist, dass sich diese Schere in den kommenden Jahren schließen wird. (1)

Aber Google arbeitet auch an Wörterbüchern, Übersetzungsfunktionen, Stadtplänen, Zugvebindungen und Nachrichten wie auch an dem kostenlosen E-Mail-Service "Gmail". Hiermit wird Yahoo direkt angegriffen, da der Service sehr ähnlich die Erstellung einer eigenen Google-Website erlaubt. (1)

Ebay erwirtschaftet einen Großteil seines Umsatzes inzwischen auch aus den Einnahmen seines Internet-Bezahlsystems

Ebay z. B. erwirtschaftet mit PayPal etwa ein Fünftel seines Jahresumsatzes von zuletzt 3,2 Milliarden US-Dollar. 70 Prozent des PayPal-Umsatzes stammt von den Ebay-Seiten. (1)

Aber Ebay ist für professionelle Händler nicht mehr

die erste Wahl. Viele kehren Ebay den Rücken und suchen sich alternative Anbieter. So stellen viele ihre Waren in Froogle, der Produktsuchmaschine von Google, ein, die es seit kurzem auch in Deutschland gibt, ein. (1)

Ebay arbeitet an seiner internationalen Expansionsstrategie. So will es China in den kommenden zehn Jahren zu seinem bedeutendsten Markt machen. Quartal um Quartal meldet Ebay für China jeweils eine weitere Million an neuen Nutzern. Gerade das Boomen des Online-Auktionsmarktes in China unterstützt diesen Trend, so wächst der Umsatz in China im laufenden Jahr im Vergleich zum Vorjahr um voraussichtlich um 75 Prozent auf 3,37 Milliarden Yuan (was in etwa 0,32 Milliarden Euro entspricht). Für 2006 werden dann bereits 8,06 Milliarden Yuan prognostiziert. In China heißt Ebay Eachnet und dominiert mit einem geschätzten Marktanteil von 80 Prozent den Markt sehr deutlich.

Yahoo entwickelt sich zu einem integrierten Medienkonzern

Im Gegensatz zu Google oder Ebay versteht sich das 1994 gegründete Yahoo als breites Internet-Portal und damit entwickelt es sich tendenziell zu einem Medienkonzern, welcher sein Geld mit Such- und

Bannerwerbung und einer Reihe von Abo-Diensten verdient. So ist als jüngstes Beispiel für einen dieser Abo-Dienste Yahoo Music zu nennen, eine Miet- und Verkaufsplattform für digitale Musik. Yahoo kann aber mit Ausnahme Japans auf keinem Markt eine absolute Vormachtstellung für sich deklarieren. (3)

Ebay, Google und Yahoo sehen sich auch zukünftigen Risiken gegenüber

Das größte Risiko für Yahoo, Google und Ebay besteht in der mangelnden Kundenloyalität. So könnte die Einführung eines besseren oder kräftigeren Suchangebotes durch einen Konkurrenten wie Microsoft schnell zu einem Abwandern der Konsumenten und Werbekunden führen. (3)

Fallbeispiele

Auch in Deutschland hat die T-Com ein Internet-Bezahlsystem entwickelt, welches unter dem Namen

T-Pay für verschiedene Dienste wie z. B. den Einzelverkauf von Zeitschriften über das Internet (www.hochglanzmagazine.de) genutzt wird. (4)

Auch die neue Generation von Spielkonsolen soll Bezahlsysteme beinhalten. So wird Microsofts Xbox mit einem Bezahlsystem ausgestattet sein, welches das Tuning der Autos für Rennspiele oder den Kauf von besseren Waffen für Spielfiguren ermöglicht. (5)

Aber gerade im Bezug auf Bezahlsysteme sind noch nicht alle Systeme wirklich überzeugend. So wird das von T-Online angebotene Bezahlsystem "Online-Überweisung" dahingehend beanstandet, dass der Kunde aufgefordert wird, Online-Banking PIN sowie Transaktionsnummer (TAN) anzugeben, wenn er eine Überweisung anstoßen will. Das widerspricht den Geschäftsbedingungen der Banken. Wenn es schief geht, haftet der Kunde, da der Zentrale Kreditausschuss eine solche Nutzung als Verstoß des Kunden gegen die Verpflichtung ansieht, PIN und TAN nur gegenüber der jeweiligen Bank zu nutzen. Gerade gegenüber Phishing-Attacken ist das System von T-Online sehr gefährdet. (6)

Weiterführende Literatur

(1) O. V., Internet, Google allmächtig?, Focus-Money,

29.06.2005, Ausgabe 27, S. 17-18
aus WirtschaftsBlatt, 18.05.2005, Nr. 2366, S. 23

(2) "Natürliche Entwicklung"
aus Kress.de vom 22.06.2005

(3) Die US-Internet-Giganten können nicht ignoriert werden Hoch profitable Google, Yahoo und Ebay – Furcht vor Wachstumsverlangsamung – Ebay kaufen – Google mit Vorbehalten behaftet
aus Finanz und Wirtschaft, Seite 27

(4) Online-Kiosk für Hochglanzmagazine
aus <e>MARKET Webmagazin vom 03.05.2005

(5) Austinat, Roland, "Die Entwickler werden den Hintern versohlt bekommen", Interview mit Xbox-Mastermind J. Allard, Spiegel Online, 21.04.2005
aus <e>MARKET Webmagazin vom 03.05.2005

(6) Bezahlt wird mit Fingerabdruck
aus TextilWirtschaft 14 vom 07.04.2005 Seite 027

Impressum

Internet-Geschäftsmodelle - Woran verdienen die Giganten des Internet?

Bibliografische Information der deutschen Nationalbibliothek

Die Deutsche Nationalbibliothek verzeichnet diese Publikation in der deutschen Nationalbibliografie; detaillierte bibliografische Daten sind im Internet über http://dnb.d-nb.de abrufbar.

ISBN: 978-3-7379-0306-6

© 2015 GBI-Genios Deutsche Wirtschaftsdatenbank GmbH, Freischützstraße 96, 81927 München, www.genios.de

Alle Rechte vorbehalten. Dieses Werk ist einschließlich aller seiner Teile – z.B. Texte, Tabellen und Grafiken - urheberrechtlich geschützt. Jede Verwertung außerhalb der Grenzen des Urheberrechtsgesetzes bedarf der vorherigen Zustimmung des Verlags. Dies gilt insbesondere auch für auszugsweise Nachdrucke, fotomechanische

Vervielfältigungen (Fotokopie/Mikroskopie), Übersetzungen, Auswertungen durch Datenbanken oder ähnliche Einrichtungen und die Einspeicherung und Verarbeitung in elektronischen Systemen.